essentials

Essentials liefern aktuelles Wissen in konzentrierter Form. Die Essenz dessen, worauf es als „State-of-the-Art" in der gegenwärtigen Fachdiskussion oder in der Praxis ankommt. *Essentials* informieren schnell, unkompliziert und verständlich

- als Einführung in ein aktuelles Thema aus Ihrem Fachgebiet
- als Einstieg in ein für Sie noch unbekanntes Themenfeld
- als Einblick, um zum Thema mitreden zu können

Die Bücher in elektronischer und gedruckter Form bringen das Fachwissen von Springerautor*innen kompakt zur Darstellung. Sie sind besonders für die Nutzung als eBook auf Tablet-PCs, eBook-Readern und Smartphones geeignet. *Essentials* sind Wissensbausteine aus den Wirtschafts-, Sozial- und Geisteswissenschaften, aus Technik und Naturwissenschaften sowie aus Medizin, Psychologie und Gesundheitsberufen. Von renommierten Autor*innen aller Springer-Verlagsmarken.

Stefan Brunn · Katrin Liffers

Die Leitungsvorlage

Richtig informieren und Entscheidungen vorbereiten

Stefan Brunn
IMKIS
Kerken, Deutschland

Katrin Liffers
IMKIS
Kerken, Deutschland

ISSN 2197-6708 ISSN 2197-6716 (electronic)
essentials
ISBN 978-3-658-50511-0 ISBN 978-3-658-50512-7 (eBook)
https://doi.org/10.1007/978-3-658-50512-7

Die Deutsche Nationalbibliothek verzeichnet diese Publikation in der Deutschen Nationalbibliografie; detaillierte bibliografische Daten sind im Internet über https://portal.dnb.de abrufbar.

Springer Gabler ist ein Imprint der eingetragenen Gesellschaft Springer Fachmedien Wiesbaden GmbH und ist ein Teil von Springer Nature.
Die Anschrift der Gesellschaft ist: Abraham-Lincoln-Str. 46, 65189 Wiesbaden, Germany

- Wie bereitet man Entscheidungen verfahrenstechnisch und inhaltlich gut vor?
- Wie hält man Vorlagen kurz und klar?
- Welche Informationen sollten Vorlagen immer enthalten?
- Welche Optionen bestehen bei der Struktur?
- Wie gestaltet man Vorlagen optimal und was ist sprachlich zu beachten?

Vorwort

„Siebenmal messen, einmal schneiden" – dieses Sprichwort gibt es aus guten Gründen in mehreren Sprachen: Wir alle haben schon Entscheidungen getroffen (und einen Schnitt getätigt), ohne dass wir vorher sauber die Konsequenzen durchdacht hatten. Für Leitungsvorlagen ist das Sprichwort ein gutes Motto: Prüfe die Tatsachen ganz genau, bevor du eine folgenschwere Entscheidung triffst! Wie man das professionell mit Vorlagen vorbereitet, soll dieses Buch zeigen.

Wir beschränken uns darauf, nur die grundlegendsten und konkretesten Fragen zu Leitungsvorlagen zu klären. Ziel des Buches ist eben nicht, Theoretisches, Geschichtliches oder Hintergründiges zu schildern. Vielmehr wollen wir einfach und prägnant darstellen, wie sich Entscheider:innen solche Arbeitspapiere wie „Leitungsvorlagen" oder „Executive summarys" wünschen. Wenn Sie die hier genannten Regeln beherzigen, werden Ihre Vorlagen sehr gut sein – versprochen!

Kerken

im Herbst 2025

Stefan Brunn

Katrin Liffers

Interessenkonflikt Die Autor:innen haben keine für den Inhalt dieses Manuskripts relevanten Interessenkonflikte.

Inhaltsverzeichnis

Über die Autor:innen

Stefan Brunn arbeitet seit vielen Jahren mit Fach- und Führungskräften aus Verwaltung, Politik und Wirtschaft, die komplexe Sachverhalte für eine schnelle Lektüre aufbereiten müssen. In seiner Beratungsarbeit ist er immer wieder auf die gleichen Herausforderungen beim Verfassen von Leitungsvorlagen gestoßen. Seine Erkenntnisse aus der Praxis gibt er in Workshops und Schulungen weiter, unter anderem für das Institut für Medien, Kommunikation, Information und Sprache IMKIS.

Katrin Liffers blickt als Linguistin analytisch auf die großen und kleinen Strukturen von Texten. Durch die Arbeit mit diversen Kunden an deren Leitungsvorlagen hat sie ein umfassendes Wissen zur Textsorte und ihren vielfältigen Ansprüchen aufgebaut. Mit großer Leidenschaft vermittelt die IMKIS-Trainerin dieses Wissen in Seminaren für viele unterschiedliche Häuser.

Weitere Infos: www.imkis.de

Wir bedanken uns für ihre Unterstützung bei unserer Lektorin Laura Spezzano, bei unseren Kolleg:innen Christoph Blank, Jutta Derks, Hannah Molderings und Mathias Wolff, bei Nina Schwarz vom Bundesarchiv, bei Marcel Eberspächer vom Bundesministerium für Verkehr, bei allen anderen Organisationen, für die wir Vorlagen-Seminare machen durften und dabei selbst so viel gelernt haben – und überhaupt bei allen, die durch ihre Freude an guten Texten an diesem Buch mitgewirkt haben!

Einleitung

1

Sei es ein König, eine Ministerin oder ein Vorstand: Wer viel zu entscheiden hat, lässt sich seit Jahrhunderten vorab die wichtigsten Informationen zusammenstellen. Die Bezeichnungen der Dokumente, die zu diesem Zweck vorbereitet werden, sind allerdings nicht einheitlich: In der Unternehmenswelt spricht man von „Executive Summarys" oder „Management Summarys", in der Verwaltung variieren die Begriffe von Haus zu Haus: In dem einen Ministerium spricht man von „Entscheidungsvorlagen", im nächsten von „Ministervermerken" und im dritten von „Leitungsvermerken". Am häufigsten ist aus unserer Sicht der Begriff „Leitungsvorlagen", weshalb wir ihn für dieses Buch verwenden – abwechselnd mit der Kurzform „Vorlagen".

In den Zeiten, als es in Deutschland noch Könige gab, trugen derartige schriftliche Entscheidungsvorbereitungen völlig andere Namen, etwa „Immediatberichte" oder „Kabinettsvorlagen". Auch wenn sie unter anderen Begriffen kursierten und strukturell und stilistisch ganz anders waren, lassen sich erstaunliche Kontinuitäten entdecken – etwa das Votum. Hier ein Beispiel aus der preußischen Verwaltung von 1838:

> „Ich darf daher keinen Anstand nehmen, zur Herstellung resp. Erhaltung des Denkmals, unter ehrfurchtsvollster Einreichung der von der Regierung vorgelegten Zeichnung alleruntertänigst darauf anzutragen, daß Eure Königliche Majestät geruhen möchten: Die veranschlagten Kosten mit 384 Talern, 5 Silbergroschen, 4 Pfennigen aus Allerhöchstdero Dispositionsfonds huldreichst zu bewilligen, da

S. Brunn und K. Liffers, *Die Leitungsvorlage,* essentials, https://doi.org/10.1007/978-3-658-50512-7_1

hierzu weder in den Provinzial- noch in dem Fonds des allergnädigst mir anvertrauten Ministeriums die nötigen Mittel vorhanden sind."[1]

Man würde diesen Inhalt heute sicher kürzer und einfacher ausdrücken, für heutige Entscheidungsträger muss es schnell gehen. Allein in Deutschland werden jährlich Zigtausende von Vorlagen geschrieben. Ein Beispiel: In einem von uns beratenen deutschen Bundesministerium entstehen jährlich etwa 15.000 Vorlagen für die obersten Leitungsebenen – das entspricht täglich fast 60 Texten für den Minister und seine Staatssekretär:innen.

So ein großes Textaufkommen bei wenig verfügbarer Zeit hat praktische Konsequenzen: Viele Häuser haben zum Beispiel Obergrenzen für die Länge der Vorlagen festgelegt. Zudem müssen die Texte mehr oder weniger genau definierten Strukturvorgaben folgen, um eine effiziente Lektüre zu gewährleisten. Auch sollten einheitliche Regeln bezüglich der Gestaltung und einzelner Schreibweisen eingehalten werden, um den Lesefluss möglichst wenig aufzuhalten oder zu stören.

Diese großen und kleinen Vorgaben und Regeln haben wir in den folgenden Kapiteln in vier Bereichen zusammengetragen:

- Vorbereitung und Recherche
- Struktur und Inhalte
- Gestaltung und Visualisierung
- Stil und Schreibweisen

Natürlich können die Regeln Ihres Arbeitgebers von den in diesem Buch genannten abweichen. Hier gilt immer: Die konkreten Maßgaben Ihrer Leitungsebene haben Vorrang vor unseren Empfehlungen. In den allermeisten Fällen werden sie aber sehr ähnlich sein.

Wer unsere Empfehlungen beachtet, trägt zu reflektierteren Entscheidungen bei, macht Sachverhalte transparenter und spart Zeit. Und zwar nicht nur den Entscheider:innen. Auch Sie selbst profitieren: Schreiben nach klaren Regeln und Strukturen geht deutlich schneller und führt zu besseren Ergebnissen!

---

[1] Immediatbericht des preußischen Kultusministers Karl Freiherr von Altenstein vom 2. Februar 1838. Zitiert nach: Meinecke (2013, S. 162).

Vorbereitung und Recherche

Das Schreiben einer Leitungsvorlage fängt nicht mit dem Tippen der ersten Buchstaben auf der Tastatur an. Zumindest sollte es das nicht. Viel besser ist es, Vorbereitung und Recherche als eigene Arbeitsschritte anzuerkennen, ohne die man nicht einfach drauflostastet. Das kostet zwar Zeit, verhindert aber auch, dass man mitten im Schreiben noch auf neue relevante Informationen stößt oder erst nach Abgabe feststellt, dass etwas anderes verlangt war.

In diesem Kapitel schauen wir uns an, wie man solche Probleme vermeidet und stattdessen strukturiert an das Schreiben einer Leitungsvorlage herangeht. Der erste Schritt ist dabei die Auftragsklärung, die sich mit unserer 7-Punkte-Checkliste schnell und geordnet abarbeiten lässt. Der zweite Schritt ist dann die Recherche: Hier ist eine gezielte Informationssuche und -auswahl gefragt, die sich an den Zielen orientiert, die in der Auftragsklärung festgelegt wurden. Aufbauend auf Ausführungen zu Prägnanz, Informationsbreite und -tiefe zeigen wir, wie Sie die Informationen der Leitungsvorlage anhand der Punkte „Kontext", „Relevanz", „Status" und „Quellen" passend bestimmen.

2.1 Auftragsklärung

Stellen Sie sich vor, Ihre Vorgesetzte kommt auf Sie zu mit der Bitte: „Könnten Sie sich um das Essen kümmern?" Würden Sie dann direkt zusagen und mit der Planung beginnen? Wahrscheinlich nicht. Eher würde man versuchen, zuerst möglichst viele weitere Informationen zu erhalten: Wann genau ist das Essen überhaupt und welcher Anlass steckt dahinter? Geht es um ein Buffet mit Salaten und Fingerfood oder um ein 7-Gänge-Menü mit Weinbegleitung vom Sterne-Restaurant? Und wie viele Personen sollen überhaupt bewirtet werden?

© Der/die Autor(en), exklusiv lizenziert an Springer Fachmedien Wiesbaden GmbH, ein Teil von Springer Nature 2025
S. Brunn und K. Liffers, *Die Leitungsvorlage*, essentials,
https://doi.org/10.1007/978-3-658-50512-7_2

Ähnlich strukturiert sollte man auch den genauen Auftrag ermitteln, wenn es um das Erarbeiten von Texten geht. Wir haben eine Liste mit sieben Punkten erarbeitet, die – unabhängig von der jeweiligen Textsorte – als Orientierung dienen kann:

- **Ziel:** Welche genaue Funktion hat der Text? Soll er hauptsächlich informieren, soll er überzeugen oder vor allem die nächsten notwendigen Handlungen instruieren?
- **Zielgruppe:** Wer ist die genaue Zielperson beziehungsweise Zielgruppe des Textes? Welches Wissen bringt sie mit, welche Einstellung vertritt sie? Wie homogen ist die Zielgruppe?
- **Reflexionsdimensionen**: Soll der Text beschreiben und/oder bewerten und/oder auch Empfehlungen aussprechen?
- **Kernbotschaft:** Was ist die zentrale Aussage des Textes?
- **Detailgrad:** Wie detailliert und präzise sollen die Ausführungen sein?
- **Ausarbeitungsgrad:** Soll der Text druckfertig sein oder reichen Stichpunkte aus?
- **Formalia:** Welche Vorgaben zu Format, Fristen, Übergabe etc. liegen vor?

Schauen wir uns nun an, wie sich die Fragen zu diesen sieben Punkten bei Leitungsvorlagen beantworten lassen:

Ziel

Die Funktion einer Leitungsvorlage hängt davon ab, welche spezifische Art von Vorlage vorliegt: Informationsvorlagen sollen – wie der Name schon sagt – die Empfänger:innen über ein Thema informieren. Entscheidungsvorlagen dagegen müssen über diese Funktion hinausgehen und neben dem Informieren auch eine ganz konkrete Handlungsempfehlung aussprechen.

In manchen Häusern wird diese Differenzierung bereits durch eine unterschiedliche Benennung der beiden Textsorten sichtbar (wie oben beschrieben). Andere fassen beide unter Oberbegriffen wie „Leitungsvorlage" oder „Entscheidungsvorlage" zusammen. Sollte letzteres bei Ihnen der Fall sein, müssen Sie im Vorfeld unbedingt abklären, was genau von Ihnen verlangt ist.

Zielgruppe

Die primäre Zielgruppe von Leitungsvorlagen sind Führungskräfte in Wirtschaft und Verwaltung. Diese Personen verfügen meist über ein großes übergreifendes Wissen, können aber nicht Detailwissen zu jedem Fachthema besitzen. Sich darüber im Klaren zu sein, ist elementar: Es bestimmt, welche Inhalte Sie als bekannt voraussetzen können.

Bis das fertige Dokument bei der Leitung landet, sind meist noch etliche andere Personen beteiligt. Sie stellen die sekundäre Zielgruppe dar. Dazu gehören Beteiligte aus anderen Abteilungen oder Referaten, die Informationen zuliefern und Inhalte mitzeichnen. Achten Sie darauf, dass Sie diese Adressaten nicht verlieren, indem Sie zu viel Wissen voraussetzen.

Reflexionsdimensionen

Die Art der Vorlage bestimmt nicht nur das Ziel der Leitungsvorlage. Sie legt auch fest, welche der sogenannten Reflexionsdimensionen bedient werden müssen. Informationsvorlagen müssen das jeweilige Thema nur auf zwei von drei möglichen Dimensionen erarbeiten: beschreiben und bewerten. Bei Entscheidungsvorlagen kommt eine dritte hinzu: Hier muss zusätzlich eine Empfehlung auf Handlungsebene ausgesprochen werden.

Eine genaue Beschreibung und Abgrenzung der Reflexionsdimensionen findet sich im nachfolgenden Kap. 3 „Struktur und Inhalte".

Kernbotschaft

Die Kernbotschaft ist die zentrale Aussage eines Textes. Bei Entscheidungsvorlagen ist diese Kernbotschaft die Handlung, die man der Leitung empfiehlt. Alle weiteren Inhalte der Vorlage dienen der Herleitung und Absicherung dieser Aussage. Daraus folgt, dass der Entscheidungsvorschlag besonders eindeutig und präzise formuliert werden muss (siehe Abschn. 3.2). Bei Informationsvorlagen besteht die Kernbotschaft aus der Bewertung, die Sie zu einem Thema oder einer Frage formulieren.

Detailgrad

Die im Text ausgelieferten Informationen müssen so präzise wie nötig, aber so konzis wie möglich sein. Ein hoher Detailgrad ist nur dann notwendig, wenn er für die Entscheidung zentral ist. Denn Entscheider benötigen keine Vollständigkeit, sondern Treffsicherheit – und eine Einordnung, die hilft, Inhalte schnell zu überblicken und zielgerichtet zu bewerten.

Auf diesen Punkt werden wir in den nachfolgenden Kapiteln „Prägnanz" und „Informationstiefe und -breite" (Abschn. 2.2 und Abschn. 2.3) weiter eingehen.

Ausarbeitungsgrad

Wenn Sie eine Leitungsvorlage nach oben reichen, muss sie von Ihrer Seite aus abgeschlossen sein – das sollte sich auch im Ausarbeitungsgrad widerspiegeln: Kommentare mit Fragen oder Anmerkungen und Ergänzungen im Änderungennachverfolgen-Modus sind von der Leitung in der Regel nicht gern gesehen und schränken auch die Überzeugungskraft Ihrer Vorlage ein. Außerdem sind Kommentare meist als Feedback- und Änderungsmöglichkeit der zeichnenden Personen angedacht, nicht als Teil eines gemeinsamen Abwägungsprozesses.

Formalia

Die Formalia ergeben sich zu einem großen Teil aus den Vorgaben Ihres Unternehmens oder Hauses. Das können umfassende Leitfäden inklusive Formatvorlagen oder auch nur ein einseitiges Merkblatt mit zentralen Vorgaben sein. Hinzu kommen in der Regel noch vorgangsspezifische Absprachen zu Fristen und Beteiligungsprozessen.

Nach unserer Erfahrung werden diese sieben Punkte nur in Wunschtraum-Szenarien bei der Anforderung direkt mitgeliefert. In der Realität sieht es leider oft anders aus: Es gibt keine oder eine lückenhafte Auftragsklärung. Deswegen möchten wir Sie ermutigen: Sichern Sie sich ab, wenn zu viele (oder wichtige) Punkte unklar oder offen sind. Losrennen ohne Ziel ist selten eine gute Strategie!

2.2   Prägnanz

Der Schlüssel zu effizienter Kommunikation ist Prägnanz. Wer sich kürzer fasst, verschwendet weniger Zeit, eigene und fremde. Man kann zwischen zwei unterschiedlichen Formen der Prägnanz unterscheiden:

- **Inhaltliche Prägnanz**: Enthält der Text nur die Informationen, die zum Verständnis und zur Beurteilung eines Inhalts wirklich notwendig sind?
- **Prägnanz im Ausdruck:** Kann man im Text noch auf Wörter verzichten?

Bei der Recherche ist vor allem die inhaltliche Prägnanz von großer Bedeutung. Deshalb legen wir in diesem Abschnitt darauf das meiste Gewicht. Hinweise zur Prägnanz im Ausdruck finden sich in Kap. 5.

Der Weg zu einem inhaltlich prägnanten Text führt über die Kernbotschaft zu den Fakten. Die Kernbotschaft selbst findet man über den sogenannten „Küchenzuruf": ein international etabliertes Instrument aus Redaktionen, um in Konferenzen oder bei Absprachen ganz kurz die wichtigste Information eines Textes zu formulieren (in anderen Ländern auch „honey call" genannt). Man ruft dazu jemandem über mehrere Meter hinweg in ganz wenigen Wörtern möglichst umgangssprachlich zu, was nach der Lektüre des Textes unbedingt hängen geblieben sein sollte: die Kernbotschaft nämlich.

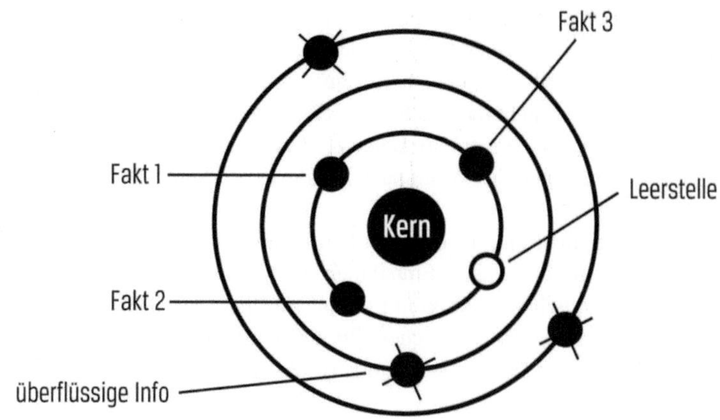

Abb. 2.1   Planetenmodell der Prägnanz (IMKIS)

Im Anschluss daran beurteilt man alle recherchierten Fakten anhand der Frage, wie nah sie sich an der Kernbotschaft befinden. Einige Informationen sind so nah am Kern, dass ihr Weglassen zu Leerstellen und damit zu Fragen führen würde. Einige Informationen stellen wichtige Zusatz- und Hintergrundinformationen dar, die je nach Umfang den Text ergänzen sollten. Daneben gibt es aber auch Inhalte, die sehr weit weg vom Kern sind. Diese sogenannten Darlings tragen nicht dazu bei, die zentrale Botschaft zu vermitteln, sondern lenken im schlimmsten Fall sogar von ihr ab und müssen deshalb gestrichen werden (siehe Abb. 2.1.).

2.3   Informationstiefe und -breite

Wenn Sie Informationen zu einem Thema recherchieren, stehen Sie immer vor der Frage: Möchte ich detaillierte Informationen liefern, die in die Tiefe gehen, oder lieber solche, die auch nach rechts und links schauen – also eher in die Breite gehen? Bei Leitungsvorlagen müssen beide Aspekte beachtet werden.

Die Inhalte müssen in einer Leitungsvorlage so tief dargestellt sein, dass sie entscheidungsrelevant und nachvollziehbar sind. Denn zu oberflächliche Vorlagen sind inhaltlich nicht wirklich belastbar. Gleichzeitig können und sollen Vorlagen gar nicht alle Details umfassen. Es ist hier also wichtig, beim In-die-Tiefe-Buddeln rechtzeitig zu stoppen.

Die Breite betrifft die thematische Spannweite der Recherche. Eine Leitungs-vorlage sollte nicht nur isolierte Fakten darstellen, sondern vergleichbare Sach-verhalte, Alternativen oder andere betroffene Bereiche einbeziehen. Aber auch hier gilt: Verlieren Sie nicht das eigentliche Thema aus dem Fokus.

Spielen wir das mal an einem Beispiel durch, einer Leitungsvorlage zum Thema „Einführung einer City-Maut nach Londoner Vorbild":

Tiefe Hier würde man die technische Umsetzung, die rechtlichen Rahmen-bedingungen und die erwarteten Einnahmen analysieren. Man könnte vielleicht noch Zahlen zur Verkehrsreduktion in London aufführen, die Tarifsätze und Aus-nahmeregeln darstellen und dergleichen. Zu tief würde man jedoch graben, wenn man sich in technischen Details der Nummernschilderkennung verlöre.

Breite Hier würde man verschiedene Mautsysteme international vergleichen (London, Stockholm, Singapur), alternative Verkehrslenkungsmaßnahmen wie Parkgebühren oder den ÖPNV-Ausbau einbeziehen und die Auswirkungen auf verschiedene Bereiche betrachten: Einzelhandel, Pendler, Logistik, Umwelt. Zu breit würde man aber werden, wenn man plötzlich die gesamte Verkehrspolitik der Stadt oder gar allgemeine Mobilitätstrends abhandelte.

Die Kunst liegt darin, genügend Details zu liefern (Tiefe), um eine fundierte Entscheidung zu ermöglichen, gleichzeitig aber Kontext, Parallelen und Alter-nativen zu beleuchten (Breite), ohne dabei das eigentliche Thema aus den Augen zu verlieren und den mengenmäßigen Rahmen der Leitungsvorlage zu sprengen.

2.4   Kontext, Relevanz und Status

Kontext

Um eine fundierte Entscheidung treffen zu können, muss ihr Kontext klar erkenn-bar sein. Dies erfordert eine inhaltliche, zeitliche, rechtliche und gegebenenfalls politische Einordnung der Ausgangslage: Nur wenn deutlich wird, aus welcher Situation heraus der Sachverhalt entstanden ist, welche Rahmenbedingungen ak-tuell gelten und welche Vorentscheidungen bereits getroffen wurden, kann die Leitung die vorgelegten Inhalte sachgerecht bewerten und einordnen.

Relevanz

In Leitungsvorlagen ist stets knapp und präzise darzulegen, warum das jeweilige Thema überhaupt behandelt beziehungsweise eine Entscheidung getroffen wer-den muss. Diese Begründung kann ganz unterschiedlicher Natur sein: So kann die Relevanz auf rechtlichen oder regulatorischen Vorgaben oder Fristen beruhen. Oft ist das Thema gerade besonders brisant oder es ist ein Impuls von prominenten Akteuren gekommen. Auch eine erhebliche öffentliche Wirkung macht ein Thema relevant. Oder es geht einfach darum, Risiken zu vermeiden oder besondere Chancen zu nutzen. Fehlen darf der Faktor „Relevanz" aber praktisch nie.

Status

Der Status beschreibt, wie aktuell, verbindlich und stabil eine Information ist. Ohne einen Hinweis darauf entsteht Unsicherheit, wie ein Inhalt einzuordnen ist. Das wiederum kann zu falschen Erwartungen oder Entscheidungen führen. Aus diesem Grund muss der Informationsstatus immer deutlich werden.

Wir unterscheiden vor allem folgende fünf Statusphasen:

- **Idee/Wunsch:** Überlegungen oder Vorschläge ohne Verbindlichkeit
- **Konzept/Entwurf:** Dokumente oder Vorschläge, die aktuell diskutiert werden
- **Beschluss/Entscheidung:** offizielle Genehmigungen oder Beschlüsse
- **Umsetzung/Verfügbarkeit:** umgesetzte Entscheidungen, geltende Regelungen, erhältliche Produkte usw.
- **Abschluss/Verwurf:** abgeschlossene Projekte und Maßnahmen, die sich erübrigt haben – oder Produkte, die vom Markt genommen wurden

2.5   Quellen

In Leitungsvorlagen ist es zwingend erforderlich, die Herkunft von Informationen klar zu benennen. Entscheider müssen immer nachvollziehen können, auf welcher Grundlage eine Aussage oder Empfehlung basiert – und wie vertrauenswürdig diese Quelle ist.

Alle aufgeführten Quellen müssen verlässlich, überprüfbar, aktuell und autorisiert sein. Die Auswahl hängt vom jeweiligen Thema ab, folgt aber immer dem Prinzip: Je näher an der primären Entstehungsebene der Information, desto besser. Bevorzugt werden deshalb Primärquellen wie amtliche Statistiken und interne Berichte sowie belastbare externe Studien. Vage Verweise auf Presseberichte oder unklare Dritte sind nicht gern gesehen.

Struktur und Inhalte 3

Struktur und Prägnanz sind zentrale Eigenschaften von Leitungsvorlagen. Das zeigt sich auch darin, dass fast alle Behörden und Unternehmen strikte Vorgaben für Aufbau und Inhalt festgelegt haben. Und das hat einen guten Grund: Eine gute Struktur und eine prägnante Informationsauswahl bilden die Grundlage dafür, dass man so effizient mit dieser Textsorte arbeiten kann: Die Verfasser:innen müssen nicht lange darüber nachdenken, wie sie den Text gliedern oder welche Inhalte sie auf jeden oder eben gar keinen Fall einarbeiten müssen. Die Leser:innen auf der anderen Seite wissen direkt, an welcher Stelle sie welche Informationen finden können. In diese beiden Bereiche zu investieren, lohnt sich also für alle Beteiligten.

Ähnlich wie bei der Bezeichnung der Textsorte selbst variiert der Aufbau der Vorlagen zwischen unterschiedlichen Behörden und Unternehmen etwas – es lassen sich aber grundsätzliche Strukturelemente benennen, die sich in allen Leitungsvorlagen wiederfinden. So besitzen die meisten Vorlagen eine Unterteilung in Kopf – Körper – Fuß, die dabei hilft, zwischen organisatorischen Informationen und inhaltlicher Ausarbeitung zu differenzieren. Auf diesen Punkt werden wir gleich näher eingehen.

Besonders im Zentrum soll jedoch die weitere Ausdifferenzierung des Körpers stehen: Er ist das inhaltliche Herzstück einer Vorlage und orientiert sich an den sogenannten Reflexionsdimensionen. Wir erklären auf den nächsten Seiten, was sich dahinter versteckt und wie die Dimensionen Struktur und Inhalt beeinflussen.

S. Brunn und K. Liffers, *Die Leitungsvorlage*, essentials,
https://doi.org/10.1007/978-3-658-50512-7_3

3.1   Kopf, Körper und Fuß

Leitungsvorlagen bestehen aus den drei Strukturelementen „Kopf", „Körper" und „Fuß". Während Kopf und Körper Pflichtbestandteile einer Vorlage sind, kann der Fuß auch entfallen – seine Inhalte rücken dann meistens hoch in den Kopf-Bereich.

Kopf

Der Kopf einer Vorlage soll schon auf den ersten Blick die wichtigsten offiziell-organisatorischen und inhaltlichen Informationen der Vorlage nennen. Welche Informationen das genau sind, legt jedes Unternehmen und jede Behörde für sich selbst fest. Auf organisatorischer Ebene sind es häufig Hinweise zu Verfasser:innen und Adressat:innen der Vorlage, zu Ab- und Mitzeichnungen (siehe dazu auch Abschn. 3.7), zu Fristen und zur Veraktung. Auf inhaltlicher Ebene lassen sich vor allem aus Betreff und Bezug der Vorlage Informationen ableiten sowie aus den beigefügten Anlagen (siehe dazu auch Abschn. 3.6).

Außerdem lässt sich in der Regel an einem Meta-Hinweis im Kopf erkennen, um welche Art von Leitungsvorlage es sich handelt. Formulierungen wie „Mit der Bitte um Kenntnisnahme" oder „Zur Information" zeigen an, dass es sich um eine Informationsvorlage handelt. „Mit der Bitte um Zustimmung" oder „Zur Entscheidung" sind Zeichen für eine Entscheidungsvorlage.

Körper

Der Körper steht im Zentrum der Vorlage. Hier bereiten Sie das angeforderte Thema oder die Fragestellung inhaltlich auf. Dieser Teil besitzt noch eine weitere Gliederungsebene, die wir im nachfolgenden Abschn. 3.2 im Detail aufschlüsseln werden.

Fuß

Der Fuß einer Vorlage ist für ergänzende Hinweise gedacht. Welche Informationen hier platziert werden, variiert sehr stark. In manchen Vorlagen wird in diesem Abschnitt beschrieben, wie im weiteren Verlauf verfahren werden soll: Soll jemand im Nachgang über den Vorgang informiert werden oder eine Abschrift erhalten? Wann soll eine Wiedervorlage erfolgen?

Manchmal finden sich auch erst an dieser Stelle Informationen zu den Anlagen und zu den Mitzeichnungen – während in anderen Behörden und Unternehmen der Fuß vollständig entfällt.

3.2 Reflexionsdimensionen

Der Körper einer Leitungsvorlage besitzt eine zusätzliche Gliederungsebene und besteht je nach Art der Vorlage aus zwei oder drei Unterabschnitten. Diese Abschnitte widmen sich der jeweiligen Fragestellung aus zwei oder drei unterschiedlichen Perspektiven, die sich an den sogenannten Reflexionsdimensionen orientieren:

- **Dimension 1:** Beschreibung (Wissensdimension)
- **Dimension 2:** Bewertung (Interpretationsdimension)
- **Dimension 3:** Empfehlung (Handlungsdimension)

Diese dreischrittige Herangehensweise stammt aus einem Modell, das vor über 50 Jahren von dem US-amerikanischen Lehrer Terry Borton entwickelt wurde (vgl. Borton 1970). Es hatte ursprünglich das Ziel, Erfahrungen im Bildungskontext strukturiert zu reflektieren. Die leitenden Fragen „What?" (Dimension 1), „So what?" (Dimension 2), „Now what?" (Dimension 3) sollten dabei helfen, Vorfälle zu analysieren und daraus Erkenntnisse abzuleiten.

Da sich das Modell einfach übertragen und gut merken lässt, wurde es seit seiner Entstehung in vielen anderen Bereichen aufgegriffen. Und auch in Leitungsvorlagen lässt es sich anwenden, um die Zuordnung von Informationen klar darzustellen und somit Entscheidungen gut vorzubereiten.

Entsprechend ihrer Funktion werden in Informationsvorlagen nur die Dimensionen „Beschreibung" und „Bewertung" bearbeitet, während Entscheidungsvorlagen alle drei Dimensionen in den Blick nehmen.

Schauen wir uns an, was sich hinter den drei Dimensionen genau verbirgt und wie sie in Leitungsvorlagen aufgegriffen werden:

Dimension 1: Beschreibung
Diese Reflexionsdimension lässt sich in Leitungsvorlagen meist unter Überschriften wie „Sachstand" oder „Sachverhalt" finden. In diesem Abschnitt geht es darum, die Ausgangssituation sachlich und neutral zu beschreiben – ganz ohne Bewertung.

Gerade in diesem Abschnitt ist es wichtig, prägnant zu arbeiten: Es sollen nur die Informationen aufgeführt werden, die es wirklich braucht, um eine Entscheidung zu treffen. Orientierung liefern können hier die folgenden Fragen, die auf jeden Fall beantwortet werden sollten:

- **Thema:** Worüber soll eine Entscheidung getroffen werden?
- **Kontext:** Welche Rahmenbedingungen liegen vor?
- **Relevanz:** Warum muss eine Entscheidung getroffen werden?
- **Handlungsmöglichkeiten:** Welche Entscheidungsoptionen bestehen?
- **Hintergrundwissen:** Welche weiteren Informationen braucht mein:e Leser:in, um eine fundierte Entscheidung zu fällen?

Stellen wir uns den Fall vor, dass wir durch verstärkte Regenfälle vor der Frage stehen, ob wir Gebäude gegen Überflutung besser schützen müssen. Für eine vollständige Beschreibung müssten wir zuerst die Frage skizzieren und dann die folgenden Punkte darlegen: Warum sollten wir uns überhaupt mit dieser Frage befassen? Wie ist die derzeitige Lage? Welche Optionen bestehen, um uns zu schützen? Gibt es Berichte, Zahlen und Fakten, die benötigt werden, um das Thema zu verstehen?

In unseren Seminaren tauchen bei dieser Reflexionsdimension oft Fragen danach auf, wie viele Handlungsmöglichkeiten gelistet werden sollen. Das lässt sich leider nicht einfach mit einer Zahl beantworten. Beachten Sie aber Folgendes: Nennen Sie alle Alternativen, die für die Leser:innen so naheliegend sind, dass sie sie nachfordern würden, wenn sie nicht aufgeführt wären. Das gilt auch und vor allem für solche Alternativen, bei denen Ihre Bewertung später zeigt, dass sie absolut nicht umsetzbar sind. Und denken Sie daran: Auch nicht zu handeln kann eine Handlungsalternative sein.

Auch die Auswahl der Hintergrundinformationen ist nicht trivial. Was hier relevant ist, hängt vom jeweiligen Inhalt und Vorgang ab. Aber auch die Adressat:innen sollten bei der Informationsauswahl berücksichtigt werden: Welches Wissen kann ich bei den Leser:innen als bekannt voraussetzen? Sei es, weil es Allgemeinwissen ist oder weil sie aus demselben Fachbereich stammen oder weil ich ihnen die zehnte Vorlage innerhalb von drei Monaten zu diesem Thema ausliefere.

Dimension 2: Bewertung

Die Dimension der Bewertung taucht in Leitungsvorlagen manchmal in einem gleichnamigen Abschnitt auf. Eine andere oft verwendete Überschrift ist „Stellungnahme". In diesem Abschnitt geht es um die fachliche Bewertung der Ausgangslage und der Handlungsmöglichkeiten, die schon im Abschnitt „Beschreibung" dargelegt wurden.

Sie müssen also deutlich machen, welche Konsequenzen und Risiken sich aus der aktuellen Situation und den unterschiedlichen Handlungsmöglichkeiten ergeben – und das auf allen relevanten Ebenen: finanziell, organisatorisch, rechtlich, ethisch … Außerdem muss aus Ihrer Prüfung hervorgehen, ob die Handlungsmöglichkeiten Alternativen zueinander darstellen oder ob sie vielleicht sogar miteinander kombiniert werden können.

In Bezug auf unser Beispiel zum Überflutungsschutz müssten hier etwa folgende Fragen beantwortet werden: Wie hoch ist die Chance, dass der Standort überflutet wird, was würde das finanziell und organisatorisch bedeuten? Welche weiteren Konsequenzen ergäben sich daraus? Und natürlich: Wie teuer, wie effizient und wie gut umsetzbar sind die unterschiedlichen Optionen?

Wichtig
Die Kapitel „Beschreibung" und „Bewertung" sind inhaltlich nicht immer idealtypisch zu trennen. In der Regel liegt ein logischer Übergangsbereich vor, wenn Handlungsoptionen vorgestellt (Beschreibung) und evaluiert (Bewertung) werden sollen.

Eine Möglichkeit ist hier, die Handlungsoptionen im Kapitel „Beschreibung" eindeutig zu benennen und nur auf sachlicher Ebene darzulegen. Im anschließenden Kapitel führen Sie dann die gewählte Benennung der Optionen erneut an und bewerten sie. Lassen sich diese beiden Bereiche aber nicht ohne große Dopplungen auf die beiden Kapitel aufteilen, können die Optionen auch erst in der Bewertung auftauchen. Wichtig ist nur, dass die beiden Kapitel eigenständige Einheiten bleiben und nicht zu einem Kapitel mit einer Überschrift wie „Beschreibung und Bewertung" zusammengefasst werden.

Dimension 3: Empfehlung
Während bei Informationsvorlagen nach der zweiten Reflexionsdimension Schluss ist, ist bei Entscheidungsvorlagen die zusätzliche Dimension der Empfehlung sogar die wichtigste. Sie findet sich in Abschnitten mit Überschriften wie „Votum", „Vorschlag" oder „Entscheidung" wieder. Ihr Ziel ist es, den Empfänger:innen darzulegen, welche Handlung aus der vorangegangenen Beschreibung und Bewertung folgen sollte.

Wenn wir unser Überflutungs-Beispiel durchspielen, müsste also an dieser Stelle deutlich werden, welche der dargelegten und geprüften Handlungsmöglichkeiten die beste ist: Bauen wir einen Wall, ziehen wir um, schließen wir eine Versicherung ab?

Wenn die Zeit knapp ist und die Deadline auf Entscheiderseite naht, wird oftmals nur auf diese eine Dimension ein Blick geworfen und darauf aufbauend eine Entscheidung getroffen. Deshalb sollte die Empfehlung zwei Vorgaben erfüllen:

- **Sie muss kurz, aber verständlich sein:** Die Empfehlung stellt in der Regel den kürzesten Teil der Vorlage dar: Man möchte ja so schnell wie möglich das Wichtigste erfassen. Wichtig ist dennoch, dass die beiden Fragen „Worum geht es?" und „Welche Handlung wird empfohlen?" klar beantwortet werden. Daraus ergibt sich, dass in der Empfehlung nicht mit Verweisen gearbeitet werden darf, die zum Nachschlagen zwingen. Formulierungen wie „Bitte um Zustimmung zum Vorgehen, wie in 2.3 dargelegt" oder „Zustimmung zu Option 3 wird erbeten" sind schließlich nicht aus sich heraus verständlich.

- **Sie muss eindeutig sein:** Wenn mehrere unterschiedliche Handlungen nach der Bewertung denk- und umsetzbar sind, muss klar erkennbar sein, welche Sie bevorzugen. Der Adressat soll nicht mehr entscheiden müssen, welche Handlungsoption ihm am besten passt – er soll nur sagen, ob er Ihrem Vorschlag zustimmt oder ihn ablehnt. Formulierungen wie „Mit der Bitte um Entscheidung zwischen Option A oder Option B" sind hier meist nicht gerne gesehen. Ungeachtet dessen wird gegen diese Eindeutigkeits-Regel sehr oft verstoßen, sei es aus Bescheidenheit oder mangelndem Mut. Es gehört aber unverzichtbar zum Job der Leitungsvorlage, eine Entscheidung klar bis zum Ende vorzubereiten. Die endlose Darlegung weiterer Ausdifferenzierungen von Vor- und Nachteilen, Spannungsfeldern und Ambiguitäten mag intellektueller sein, im Management ist sie nicht zielführend.

Der Körper von Informationsvorlagen besitzt eigentlich immer die Struktur: erst Beschreibung, dann Bewertung. Bei Entscheidungsvorlagen haben sich hingegen unterschiedliche Strukturprinzipien für den Körper etabliert: Je nachdem, wie die drei Reflexionsdimensionen angeordnet werden, unterscheidet man zwischen Gutachtenstil, Urteilsstil und einer Mischform (siehe Abb. 3.1). Diese drei unterschiedlichen Stile und ihre Vor- und Nachteile schauen wir uns in den Abschn. 3.3 bis 3.5 genauer an.

3.3 Gutachtenstil

Beim sogenannten Gutachtenstil werden die drei Reflexionsdimensionen in der Reihenfolge Beschreibung – Bewertung – Empfehlung geliefert (siehe Abb. 3.1). Dieser Aufbau ist der älteste und lässt sich schon in jahrhundertealten Kabinettsvorlagen wiederfinden.

Während es früher allein aus Gründen der Höflichkeit geboten war, nicht direkt mit Vorschlägen und Bitten eine Vorlage zu starten, gibt es heute andere Gründe, die für diesen Stil sprechen. So zeichnet der Gutachtenstil ganz systematisch den Gedankengang nach, den man auf dem Weg zu einer Entscheidung durchläuft. Leser:innen können die Inhalte schön schrittweise und logisch verknüpft verarbeiten. Viele Personen schätzen an der Struktur auch, dass die Leserschaft sich unvoreingenommener eine eigene Meinung bilden kann – weil sie eben nicht direkt durch die Empfehlung beeinflusst wird.

Es gibt jedoch auch einen großen Nachteil: Führungskräfte, die unter Zeitdruck arbeiten und primär an der Entscheidung interessiert sind, müssen sich erst

---

Mit der Bitte um Entscheidung

Betreff: Verpflichtende KI-Schulung für alle Mitarbeitenden

Bezug: Kabinettsbeschluss zu KI-Modernisierung der Verwaltung

Anlagen: Kostenübersichten

I. Sachverhalt

Der Einsatz KI-gestützter Verfahren in der Verwaltung wächst rasant. Zur Risikominimierung und zur Förderung eines sicheren Einsatzes soll allen Mitarbeitenden eine einheitliche Grundqualifizierung angeboten werden.

II. Stellungnahme

Folgende Optionen wurden erwogen:

Option A: Online-Schulung mit externem Trainer
Kosten: 7 × 9.000 € Honorar + 1.000 € Software/Support = 7.300 €
- Vorteil: Live-Interaktion bei geringem Reise- und Organisationsaufwand
- Nachteil: technische Zusatzbelastungen, Abhängigkeit von Plattformstabilität

Option B: Präsenzseminar (externer Anbieter)
Kosten: 7 × 1.200 € Honorar + Raumkosten/Spesen von 7 × 500 € = 11.900 €
- Vorteil: höchste Zuwendung zum Thema und persönlicher Austausch
- Nachteil: hoher organisatorischer Aufwand und höchste Kosten

Option C: Reines E-Learning (internes Modul ohne Trainer)
Kosten: 15.000 € Entwicklung + 1.500 €/Jahr Lizenz = 16.500 €
- Vorteil: niedrigschwelliger Zugang, maximale zeitliche Flexibilität
- Nachteil: fehlende Interaktivität, geringere Zielgruppenanpassung

III. Votum

Es wird empfohlen, Option A (Online-Schulung mit externem Trainer) durchzuführen,
da sie persönlich-interaktive Qualifizierung bei überschaubaren Kosten und geringem Organisationsaufwand gewährleistet.

Abb. 3.1 Beispiel für eine Entscheidungsvorlage (IMKIS)

Urteilsstil	Gutachtenstil	Mischform
I. Vorschlag II. Sachverhalt III. Stellungnahme	I. Sachverhalt II. Stellungnahme III. Vorschlag	I. Zusammenfassung II. Sachverhalt III. Stellungnahme IV. Vorschlag
➕ Das Wichtigste kommt zuerst.	➕ Extrem logische Abfolge der Inhalte.	➕ Das Wichtigste steht vorne + hinten.
➖ Der Vorschlag erklärt sich schlechter.	➖ Für das Wichtigste muss man blättern.	➖ Text wird durch Dopplungen länger.

Abb. 3.2 Vor- und Nachteile der Strukturprinzipien (IMKIS)

durch Beschreibung und Bewertung arbeiten, um zum eigentlichen Ergebnis zu gelangen. Das kann die schnelle Orientierung erschweren – vor allem bei umfangreichen oder mehrdimensionalen Vorlagen (siehe Abb. 3.2).

Aus diesem Grund sind nach unserer Beobachtung der letzten 10 bis 20 Jahre immer mehr Organisationen auf den Urteilsstil umgestiegen.

3.4 Urteilsstil

Wie im Gericht, wo Richter:innen zuerst den Urteilsspruch verkünden und ihn dann erst näher erläutern, startet der Urteilsstil mit dem Urteil. Erst danach folgen Beschreibung und Bewertung.

Vorteil: Im Vergleich zum Gutachtenstil müssen Leser:innen nicht lange blättern und suchen, um zum relevantesten Teil der Vorlage – der Empfehlung – zu gelangen. Viele glauben auch, dass die beim Gutachtenstil beschriebene Beeinflussung nicht nur negativer Art sein muss: Vielmehr kann es hilfreich sein, direkt zu Beginn das Ergebnis zu kennen, weil dann alle folgenden Inhalte direkt vor diesem Wissen interpretiert werden können.

Problematisch wird der Urteilsstil aber natürlich dann, wenn die Empfehlung nicht selbsterklärend formuliert wird oder auf einen komplexeren Sachverhalt oder eine differenzierte Bewertung zurückgeht. In solchen Fällen kann die Verständlichkeit leiden (siehe Abb. 3.2).

3.5 Mischform

Dieses Strukturprinzip, hier als „Mischform" bezeichnet, will die Vorteile von Gutachten- und Urteilsstil miteinander verbinden. Vorlagen in diesem Stil beginnen meist mit einer kurzen Zusammenfassung, bevor dann Beschreibung, Bewertung und Entscheidung folgen.

Diese Anordnung hat den Vorteil, dass die wichtigsten Informationen sowohl am Anfang als auch am Ende der Darstellung stehen, was die Übersichtlichkeit und Klarheit fördern kann. Allerdings führt diese Dopplung zwangsläufig dazu, dass die Vorlage länger wird. Außerdem erfordert dieser Stil eine sehr sorgfältige Redaktion, um Wiederholungen zu vermeiden (siehe Abb. 3.2).

3.6 Anlagen

Anlagen sind ein fester Bestandteil vieler Leitungsvorlagen. Ihre Anzahl und/ oder ihre Benennung finden wir entweder im Kopf oder Fuß. Anlagen sind dazu da, weiterführende Informationen bereitzustellen, die den Entscheidungsträgern bei der fundierten Beurteilung eines Sachverhalts helfen. Dazu zählen etwa Korrespondenzen, rechtliche Grundlagen, Berechnungen, Lagepläne, Tabellen, Vertragsentwürfe oder sonstige Dokumente. Indem man diese Inhalte anhängt, entlastet man den Haupttext der Vorlage und hält diesen kurz.

Bei der Auswahl der Anlagen sollten Sie zwei Punkte beachten:

1. Es dürfen keine Inhalte in Anlagen platziert werden, die notwendig sind, um die Vorlage überhaupt zu verstehen. Solche Inhalte gehören in die Vorlage selbst – oder wenigstens eine kurze Zusammenfassung davon.
2. Anlagen sind keine Einladung dazu, alle Inhalte beizufügen, die Ihnen irgendwie in den Kopf kommen, aber nur ganz entfernt mit dem Thema der Vorlage zu tun haben. Fragen Sie sich immer: Hilft der Inhalt den Leser:innen, die Vorlage besser zu verstehen? Falls nicht, können Sie auf die Anlage getrost verzichten.

Wichtig ist außerdem, dass Sie die Anlagen eindeutig benennen und fortlaufend nummerieren. So können Sie im Text der Vorlage eindeutig auf die Anlagen hinweisen (zum Beispiel „siehe Anlage 2").

Bei der Reihenfolge der Anlagen gibt es zwei Vorgehensweisen: Methode 1 richtet sich einfach danach, wann im Haupttext das Thema berührt wird – je weiter vorne das ist, desto kleiner die Ordnungsziffer der Anlage. Methode 2 reiht die Anlagen chronologisch: In der Regel ist dann der erste Briefwechsel zu einer Sache die letzte Anlage und der aktuellste Briefwechsel die erste Anlage.

3.7   Mitzeichnungen und Zeichnungen

Eine Leitungsvorlage durchläuft oft viele unterschiedliche Stationen, bis sie beim tatsächlichen Entscheidungsträger ankommt. Auf diese Weise soll sichergestellt werden, dass alle relevanten Personen und Organisationseinheiten den Ausführungen zustimmen und die Inhalte auf ihre Richtigkeit überprüft haben. Oft betreffen eben Entscheidungen mehrere beteiligte Abteilungen oder Referate – und diese müssen nicht nur davon wissen, sondern auch zustimmen.

Welche Personen und Organisationseinheiten das jeweils sind, wird in den sogenannten Zeichnungsleisten sichtbar gemacht. Man unterscheidet hierbei zwischen der horizontalen Zeichnungsleiste, in der alle Mitzeichnungen gelistet werden, und der vertikalen Zeichnungsleiste, in der die einzelnen Leitungsebenen ihre Zustimmung durch eine Zeichnung festhalten.

Mitzeichnungen finden durch weitere betroffene Bereiche oder Stabsstellen statt, die inhaltliche, rechtliche oder haushaltsrelevante Aspekte prüfen und deren Zustimmung erforderlich ist. Zeichnungen erfolgen schrittweise in hierarchischer Reihenfolge durch die einzelnen Ebenen des für den Inhalt verantwortlichen Organisationsstrangs – sie bestätigen damit die fachliche Richtigkeit der Inhalte.

Sobald im Zuge der (Mit-)zeichnungen in den ursprünglichen Text eingegriffen wird, muss das sichtbar gemacht werden. Dies geschieht beispielsweise durch Kommentare oder den Änderungen-nachverfolgen-Modus in der Textverarbeitung. Nur so kann eine eindeutige Zuordnung von Inhalten und Verantwortlichkeiten sichergestellt werden.

Gestaltung und Visualisierung 4

Bei der Rezeption von Texten spielt ein psychologischer Effekt eine große Rolle, der fast immer unterschätzt wird: das Priming durch das äußerliche Erscheinungsbild. Unser erster Eindruck von einem Text beeinflusst massiv, mit welcher Sympathie oder Antipathie wir in die Lektüre starten. Noch bevor wir die ersten Inhalte verstanden haben, denken wir uns: Das sieht aber gruselig formatiert aus! Oder aber: Da hat sich jemand wirklich Mühe gemacht, die Informationen zu sortieren und sauber darzustellen!

Priming bedeutet hier konkret, dass wir aus der äußeren Erscheinung eines Textes auf Inhalt und Qualität der Arbeit schließen. Das ist oft nicht zulässig und vielleicht sogar ungerecht. Aber wer Texte ideal aufbereiten will, nutzt das Priming zum eigenen Vorteil. Wenn wir Organisationen beraten, fällt dazu irgendwann der Satz: Kein anderes Mittel beim Schreiben braucht so wenig Mühe, um die eigene Arbeit aufzuwerten!

Man unterscheidet bei gut oder schlecht gestalteten Texten den sogenannten Heiligenschein- und den Teufelshörner-Effekt:

- **Heiligenschein-Effekt:** Der erste Eindruck vom Text ist so gut, dass man mit einem starken positiven Bias (positive Verzerrung) in die Lektüre startet – man gibt dem Text Vorschusslorbeeren.
- **Teufelshörner-Effekt:** Ein schlechter erster Eindruck erweckt Unlust, den Text überhaupt zu lesen. Er nährt auch den Verdacht, der Text könnte auch auf anderen Ebenen nicht gut ausgearbeitet sein (negative Verzerrung).

Wie aber gestaltet man Texte vorteilhaft? Diese Frage klären wir in diesem Kapitel, ausgehend von den Grundgesetzen der Gestaltung bis hin zu den Einsatz-

© Der/die Autor(en), exklusiv lizenziert an Springer Fachmedien Wiesbaden GmbH, ein Teil von Springer Nature 2025
S. Brunn und K. Liffers, *Die Leitungsvorlage,* essentials,
https://doi.org/10.1007/978-3-658-50512-7_4

zwecken einzelner Hervorhebungen wie Fett- oder Kursivsatz. Grundlegend gilt es, die beiden Funktionen der Textgestaltung zu bedenken:

1. Sie soll die inhaltliche Struktur und Logik des Textes verdeutlichen.
2. Sie soll das Aufnehmen der Inhalte so leicht wie möglich machen.

4.1 Grundgesetze der Gestaltung

Ihre Vorlagen sind dann perfekt gestaltet, wenn jede Nuance des Textes präzise so verstanden wird, wie von Ihnen beabsichtigt. Das allerdings ist komplikationsfrei nur bei gestalterischen Mitteln der Fall, die sich intuitiv verstehen. Dadurch verbieten sich exotische Gestaltungsmittel wie Kapitälchen, Negativsatz etc. – es sei denn, sie sind in der eigenen Organisation wirklich etabliert oder vorgeschrieben (das haben wir allerdings noch nie erlebt).

Im Folgenden klären wir, welche Gestaltungsmittel man in Vorlagen verwenden sollte. Wir kümmern uns dabei um alle Hervorhebungs-Details bis hin zu Kursivsatz und Unterstreichungen. Wir beginnen aber mit den wichtigsten Grundgesetzen der Gestaltung. Von diesen Gesetzen der Gestaltung gibt es Dutzende. Aber nur wenige sind wirklich allgemeingültig und relevant für Vorlagen. Wir führen hier die vier Gesetze auf, die wirklich jeder kennen und anwenden sollte:

Gesetz der Größe
Größenunterschiede lenken unsere Aufmerksamkeit und schaffen Hierarchien. Eine Information, die größer gesetzt ist als andere, ist wichtiger als diese. Wenn also eine Überschrift in 24 Punkt gesetzt ist, steht sie über allen Zwischenüberschriften, die beispielsweise in 18 Punkt gesetzt sind. Diese dominieren wiederum den Fließtext, wenn dieser etwa in 12 Punkt formatiert ist. Auch Hervorhebungen (wie Fettsatz, Unterstreichungen oder Farbe) und Einrückungen spielen bei Hierarchien eine Rolle, dazu aber mehr in den jeweiligen Abschnitten.

Gesetz der Nähe
Bei Elementen, die nah beieinander platziert sind, geht man automatisch auch von einer inhaltlichen Nähe oder Zusammengehörigkeit aus. Umgekehrt empfindet man Elemente, die weiter voneinander entfernt sind, als nicht zusammengehörig. Das menschliche Auge nimmt dabei auch unpassende Millimeter-Abstände wahr. Deshalb ist es wichtig, verwandte und/oder zusammengehörige Informationen immer nah beieinander zu platzieren, um eine richtige Zuordnung zu gewährleisten. Das heißt zum Beispiel, dass Abbildungen oder Tabellen in

die Nähe der Textstelle gesetzt werden sollten, in der auf sie Bezug genommen wird – und nicht erst drei Seiten später. Und Zwischenüberschriften sollten nicht mittig zwischen zwei Absätzen platziert werden. Stattdessen sollten sie deutlich näher an dem Absatz stehen, zu dem sie gehören, also dem folgenden.

Gesetz der Einheitlichkeit

Bei allen gestalterischen Mitteln gilt, und das ist leichter gesagt als getan, dass man sie immer identisch verwendet. Man verwendet also nicht in einem Passus einen Infokasten, um einen Begriff zu erklären, und in einem anderen Passus einen genauso gestalteten Infokasten, um weiterführende Links zu platzieren. Und man nutzt nicht auf der ersten Seite den Fettsatz, um eine kategorisierende Einteilung zu leisten, um dann auf der zweiten Seite irgendwelche vereinzelten Begriffe im Text zu fetten, weil man diese auch wichtig findet. Das Gesetz der Einheitlichkeit bezieht sich auf alle gestalterischen Mittel, vom Layout über die Schriftarten bis zu einzelnen Symbolen.

Gesetz der Sparsamkeit

Idealerweise verwendet man nur die Gestaltungsmittel, die notwendig sind. Werden Mittel ohne Notwendigkeit verwendet, fragen sich die Rezipienten: Was will mir dieses Mittel nun sagen? Das lenkt vom Verständnis des Inhalts ab. Wer überflüssige Informationen und dekorative Elemente vermeidet, sorgt für Einfachheit und Klarheit. Das bedeutet zum Beispiel, dass in manchen Absätzen überhaupt keine Hervorhebungen stehen. Das ist aber allemal besser, als gestalterische Mittel nur zu ihrem Selbstzweck einzusetzen und damit die Leserschaft zu irritieren.

4.2   Gestaltung des Fließtexts

In den meisten Organisationen sind die Mitarbeitenden gezwungen, sich an feststehende Formatvorgaben zu halten. Das ist insofern gut, als Einheitlichkeit für alle Beteiligten hilfreich ist. Schlecht ist es nur, wenn die Formatvorgaben selbst unvorteilhaft sind. Mitunter stoßen wir bei Unternehmen oder Behörden auf Texte, die systematisch leseunfreundlich gestaltet sind – zum Beispiel, um möglichst viel Text auf eine Seite zu quetschen. Die Rechnung dieser schlechten Gestaltung zahlen dann die Rezipienten mit verlorener Zeit, aufwendigerer Lektüre und schlechter Laune beim Lesen. Auch deshalb liefern wir hier Hinweise dazu, wie Vorlagen idealerweise gestaltet sein sollten – wohlwissend, dass man manchmal eben keinen Gestaltungsspielraum hat.

Schriftart

Fangen wir mit der Wahl der Schrift selbst an. Über Jahrzehnte hieß es von Experten und in Fachbüchern, dass Antiqua-Schriften (die mit den Serifen: Times New Roman & Co.) leichter lesbar seien als Grotesk-Schriften (ohne Serifen: Arial & Co.). Wissenschaftliche Studien (zum Beispiel Liebig 2009) zeigen aber, dass man zwischen den etablierten Schriftarten keine signifikanten Unterschiede beim Lesen findet. Langsamer und fehlerbehafteter liest man eher ganz andere, außergewöhnliche Schriften, die man aber ohnehin in Vorlagen nicht verwenden sollte. Wer die Chance hat, selbst eine Formatvorlage neu gestalten zu dürfen, wählt am besten eine sogenannte „dynamische Groteske". Diese Schriftarten erkennt man daran, dass sie ansonsten leicht verwechselbare Buchstaben wie I oder l gut unterscheiden, was zum Beispiel bei der Arial nicht der Fall ist. Infrage kämen dazu etwa die Schriften Aptos, Fira Sans oder die Atkinson Hyperlegible des Braille-Instituts.

Schriftgröße

Die Schriftgröße ist der wichtigste Faktor, wenn es um die Lesegeschwindigkeit von Leitungsvorlagen geht. Beim Fließtext sind 11 Punkt meist zu klein. 12 Punkt sind meist richtig. 13 Punkt wären je nach Schriftart sogar leserlicher – aber kaum jemand setzt den Fließtext so groß. Mit 12 Punkt ist man in jeder Hinsicht auf der sicheren Seite.

Textausrichtung

Bei einspaltigen Texten, wie sie in aller Regel bei Vorlagen verwendet werden, ist der linksbündige Flattersatz ohne Silbentrennung die beste Wahl. Warum? Weil unsere Augen am schnellsten lesen, wenn die Abstände zwischen den Wörtern immer gleich sind. Das ist eben beim Blocksatz nicht der Fall – es sei denn, man verwendet Silbentrennung am Zeilenende, was Arbeit verursacht, Fehler provoziert und bei Texttransport und -austausch weitere Probleme mit sich bringt. Außerdem ist der linksbündige Flattersatz ohnehin die einzige Wahl, wenn Texte responsiv gestaltet werden müssen, damit sie auf verschiedenen Endgeräten funktionieren.

Zeilenlängen und -abstände

Einen erheblichen Einfluss auf die Lesegeschwindigkeit haben auch Zeilenlänge und Zeilenabstand. Was kann man falsch machen? Wir sehen oft zu breite Zeilen und zu kleinen Zeilenabstand. Gerade in der Kombination dieser beiden Fehler kommt es zu hässlichen Ergebnissen (Teufelshörner-Effekt). Unser Rat: Begrenzen Sie die Zeilen auf maximal 75 Zeichen pro Zeile und stellen Sie den

Zeilenabstand auf 1,5 Zeilen. Je weiter Sie davon abweichen, desto schwerer machen Sie es den Rezipienten. Wer Texte kompress setzt (Zeilen ohne Abstand), gilt in unseren Kreisen als beratungsresistent oder ignorant.

4.3   Überschriften und Zwischenüberschriften

Überschriften helfen uns sehr bei der Lektüre, denn sie systematisieren und priorisieren. Im Idealfall brauchen wir dank Überschriften keinerlei Mühe, um zu verstehen, wie sich ein Text inhaltlich unterteilt und wie die einzelnen Teile zusammenhängen. Das gelingt aber nur, wenn man sich an das hält, was wir alle als Rezipienten gelernt und verinnerlicht haben.

Ebenen

Zu diesem intuitiven Wissen gehört, dass Überschriften auf Ebenen liegen. Bei Leitungsvorlagen gibt es manchmal drei oder vier dieser Ebenen, oft aber auch nur zwei: Eine Überschrift gliedert das gesamte Dokument in mehrere Bereiche und die Überschrift eine Ebene darunter schafft Ordnung innerhalb dieser Bereiche. Man hat also beispielsweise fette Überschriften für I. Sachverhalt, II. Stellungnahme und III. Votum und darunter noch eine Ebene für eine Unterteilung in so etwas wie „Vorher"/„Nachher", „Vorteile"/„Nachteile" oder auch „Belgien"/„Niederlande"/„Luxemburg". Ganz wichtig ist dabei, dass die Zuordnung der Überschriften zu den einzelnen Ebenen deutlich und zweifelsfrei ist. Das ist sicher der Fall, wenn die erste Ebene mit Fettsatz und die zweite mit Unterstreichungen gekennzeichnet wird. Es ist nicht der Fall, wenn die erste Ebene 13 Punkt hat, die zweite 12 und der Fließtext 11. Solche minimalen Unterschiede überfordern das menschliche Auge.

Sorten

Auch semantisch sind die Regeln für Überschriften ziemlich einfach, es gibt letztlich drei Sorten: rein systematische Überschriften, rein inhaltliche Überschriften und Kombinationen aus diesen beiden Sorten. Die rein systematische Überschrift kennen Sie von Wikipedia: Egal, um wen es geht, es gibt bei Personen immer solche rein systematischen Zwischenüberschriften wie „Leben", „Werk", „Literatur" oder „Weblinks". Und genau so ist es bei den meisten Vorlagen auch, hier heißt es je nach Struktur nur „Sachverhalt", „Stellungnahme" und „Vorschlag". Manchmal gibt es darüber auch noch eine übergeordnete Überschrift, die sich auf die Verwendung bezieht und die zum Beispiel lautet: „Mit der Bitte um Unterschrift". All das sind rein systematische Überschriften.

Aber was sind nun inhaltliche Überschriften? Inhaltliche Überschriften verraten bereits etwas über den hauptsächlichen Inhalt des folgenden Teils, zum Beispiel: „Keine Förderung von Altanlagen" oder „Treffen mit Unternehmensleitung am 24. November".

Die dritte Sorte Überschriften sind Mischungen aus den beiden bisher genannten Sorten: wenn also ein Teil der Überschrift den Inhalt systematisch einordnet und der andere Teil schon Inhalte verrät. Beispiele: „Option 1: Anschaffung weiterer Server" oder „Votum: Ablehnung der Interview-Anfrage". Meist sind in Vorlagen die Überschriften rein systematisch und allenfalls Zwischenüberschriften rein inhaltlich oder gemischt.

Insgesamt sind Zwischenüberschriften – auch bei Vorlagen – sehr sinnvoll, um die inhaltliche Einteilung eines Textes optisch sichtbar zu machen. Das hilft beim ersten Verständnis, aber auch beim erneuten Zugriff, wenn man im Text eine bestimmte Information sucht. Außerdem trägt das Einteilen des Textes in kleinere Häppchen erheblich zu einem positiven Priming bei.

4.4 Absätze, Auflistungen, Einrückungen

Absätze

Zu lange Absätze liest man nicht gern – zu kurze aber auch nicht. Wählen Sie deshalb einen Mittelweg. Meist sind Absätze zwischen 3 und 12 Zeilen angenehm. Wichtiger aber ist, dass die Absatzschaltung dort gesetzt wird, wo ein Gedankengang endet und sich eine Lesepause anbietet. Wer es perfekt machen will, vermeidet darüber hinaus noch den sogenannten „unentschlossenen Absatz": So nennt man Absätze, die keinen Abstand zum folgenden Absatz haben. Ein Absatz ist nur ein richtiger Absatz, wenn er einen leicht sichtbaren Abstand zum folgenden Absatz hat. Entweder macht man dazu eine ganze Leerzeile zwischen die Absätze oder man fügt einen Absatzvorschub am Absatzende ein. Oft wird dafür eine halbe Zeile (zum Beispiel 6 Punkt) verwendet.

Auflistungen

Auflistungen in Vorlagen sind oft eine gute Idee. Wir mögen Bulletpoints und andere Formen der Auflistung, weil sie gut sortieren und leicht zu konsumieren sind – man muss sich nicht durch langen Fließtext quälen. Deshalb werden Auflistungen oft sogar schon konsumiert, bevor die Absätze davor überhaupt gelesen worden sind: Sie ziehen das Auge an. Natürlich haben Auflistungen auch Nachteile: Erstens verlängern sie den Text meistens. Zweitens passt die Einteilung in Einzelpunkte nicht immer zum Inhalt, weil die Punkte sich nicht wirklich systematisch trennen lassen oder sie die Zusammenhänge logisch nicht gut abbilden. Oft, so unsere Überzeugung, wiegen die Vorteile die Nachteile aber auf.

Man sollte einige wenige Grundregeln für Auflistungen beherzigen. Zum Beispiel, dass es immer einer Einführungszeile oder einer Überschrift bedarf, die erklärt, was genau aufgelistet wird.

Außerdem sollte die Art der Auflistung sauber gewählt werden: Gleichrangige Zeichen (wie Bulletpoints oder Spiegelstriche) darf man nur wählen, wenn auch die Inhalte der einzelnen Punkte gleichrangig sind. Sind sie hierarchisch oder chronologisch sortiert, muss man Ziffern wählen (1., 2., 3., …). Und wenn es um Optionen geht, wählt man am besten Buchstaben (A, B, C, …).

Letzter Hinweis zu Auflistungen: Fängt man die Auflistung als Satz an, der sich über die einzelnen Punkte zieht und grammatikalisch erst hinter den Punkten endet, muss man auch Kommata und Punkte setzen. Zählt man nur auf und formuliert gar keinen Satz, entfallen sowohl die Kommata zwischen den Punkten als auch der Schlusspunkt am Ende:

Teil der Vereinbarung sind:

- mündliche Absprachen
- Vertragsbestandteile
- alle Teile des schriftlichen Austauschs
  (auch E-Mails und Messenger-Nachrichten)

Einrückungen

Die Struktur eines Textes kann durch Einrückungen deutlicher werden, auch das erleichtert das intuitive Verständnis. Einrückungen zeigen die Zugehörigkeit eines Elements zu einer übergeordneten Kategorie an. Um Verwirrung zu vermeiden, ist es entscheidend, Einrückungen sparsam und einheitlich zu verwenden. Die Tiefe der Einrückung sollte dabei die jeweilige Hierarchieebene widerspiegeln, jedoch nicht so groß sein, dass sie den Lesefluss stört. Wir raten, die Anzahl der Hierarchieebenen streng zu begrenzen. Zu viele Ebenen mit entsprechenden Einrückungen machen den Text unübersichtlich – Vorlagen sind keine wissenschaftlichen Arbeiten.

4.5 Hervorhebungen

Fettsatz

Als kraftvollstes Instrument der Hervorhebung verdient der Fettsatz die höchste Aufmerksamkeit. Er ist die nächste Hierarchiestufe nach den Zwischenüberschriften.

Er hat also strukturierenden Charakter, was im Umkehrschluss bedeutet, dass man ihn nicht zur unstrukturierten Hervorhebung von Einzelbegriffen verwenden sollte. Genau das aber tun viele. In den Texten dieses Buches sehen Sie den Fettsatz als strukturierende Hervorhebung. Deshalb fetten wir nicht auch diesen wichtigen Begriff oder jenen herausragenden Satz: Wichtig sollte in einer Vorlage alles sein, deshalb fetten Sie bitte nicht alle wichtigen Elemente! Bei mit Fettungen übersäten Texten verlieren diese Hervorhebungen ihre Wirkung. Dieses von uns spöttisch „Leopardenprinzip" genannte Verfahren sorgt zudem für Unruhe im Schriftbild. Noch dazu schaffen es die wenigsten, Einzelbegriffe wirklich systematisch zu fetten. Oder, anders ausgedrückt: Sie machen sich so auf der Ebene der inhaltlichen Logik angreifbar.

Kursivsatz

Dieser eignet sich besonders zum Hervorheben von Zitaten, Eigennamen, Werktiteln und fremdsprachlichen Ausdrücken, wenn diese nicht in Anführungszeichen gesetzt werden sollen. Kursivsatz ist für wichtige systematische Hervorhebungen insofern nicht geeignet, als er im Schriftbild nicht besonders auffällt: Gegenüber einer Fettung ist Kursivsatz die weitaus schwächere Form. Bitte beachten Sie auch, dass längere kursiv gesetzte Passagen unangenehm zu lesen sind. Gleichwohl sollte man auch längere Zitate komplett in Kursivsatz darstellen – hier ist es einfach wichtiger anzuzeigen, dass es sich um ein Zitat handelt. Von der Kombination von Kursivsatz mit anderen Hervorhebungen (Fettsatz, Unterstreichungen) raten wir ab.

Versalsatz

GROSSBUCHSTABEN im Text ragen heraus, zugegeben. Sie haben im Fließtext aber nur Nachteile. Zunächst ist es eine unangenehme Überbetonung, die in ihrer Priorität mit dem Fettsatz konkurriert. Das Lesen von Versalsatz-Passagen ermüdet zudem das Auge, weil die Wortumrisse mit ihren Ober- und Unterlängen verloren gehen. Manchmal vermittelt der Versalsatz auch den Eindruck des Schreiens – ein Effekt, der in digitaler Kommunikation ziemlich verpönt ist. Wenn überhaupt, sollten Sie dieses Stilmittel nur in homöopathischer Dosierung verwenden.

Unterstreichungen

Als man noch nicht fetten konnte, war die Unterstreichung bei Vorlagen das Mittel der Wahl, um Texte zu strukturieren. Heute sind Unterstreichungen vor allem eine visuelle Konvention für Hyperlinks. Und gerade weil Unterstreichungen im digitalen Raum als Links allgegenwärtig sind, sollte man sie in Vorlagen nur ausnahmsweise benutzen. Es kann etwa vorkommen, dass Sie die Unterstreichung als zweite strukturierende Ebene brauchen. Beispiel: Sie fetten wie wir in diesem Buch die Zwischenzeilen. Im Fließtext, also auf der Ebene darunter, möchten Sie aber auch noch einzelne Begriffe hervorheben. In diesem Fall spricht nichts gegen eine Unterstreichung. Die Gefahr der Verwechslung mit einem Link ist ja gering. Aber kombinieren Sie keinesfalls Fettung und Unterstreichung. Diese doppelten Hervorhebungen galten schon im letzten Jahrhundert als typografische Todsünden.

Farbe, Markierungen, negativer Satz

Mit farbiger Schrift kann man theoretisch sehr gut visuell strukturieren. „Farbleitsysteme" nennt man das im Design. Ähnliches gilt für Markierungen (etwa gelbe oder grüne Marker hinter Wörtern) oder negativen Satz (etwa weiße Schrift auf dunklem Grund). In Vorlagen können und sollten Sie aber darauf verzichten. Diese Mittel lenken meist mehr vom Inhalt ab, als dass sie bei der Organisation der Inhalte in unserem Gehirn helfen. Sie überfrachten den Text und bringen außerdem reichlich Probleme bei der Lesbarkeit mit sich. Völlig verboten sind Farben im Fließtext – und zwar nicht nur für Menschen mit Farbsehschwäche.

Gesperrter Satz

Im Schreibmaschinenzeitalter war diese Betonung durch L e e r r ä u m e zwischen den Zeichen weit verbreitet. Heute ist der Sperrsatz in Vorlagen ausgestorben, denn er führt bloß zu Irritationen und Lesbarkeitsproblemen. Im digitalen Zeitalter hat er sich überlebt.

4.6 Visualisierungen

Visualisierungen in Form von Bildern, Diagrammen oder Tabellen sind in Vorlagen zwar selten, aber keineswegs verboten. Sie besitzen sogar einige Vorteile gegenüber reinem Text: So können sie Informationen oft schneller und manchmal sogar präziser als Texte vermitteln.

Dennoch wissen wir aus ganz vielen Organisationen, die wir beraten oder beschulen: Diese visuellen Elemente kommen in Vorlagen kaum vor. Woran liegt das? Wir haben den Verdacht, dass Bilder in Behörden, aber auch in anderen Organisationen als ungewöhnlich oder unpassend für Vorlagen empfunden werden. Und wenn man in amtliche Dokumente schaut, die tatsächlich Bilder enthalten, ahnt man auch, warum: Es geht oft schief. Mal sind die Bilder unpassend oder erklärungsbedürftig, mal unscharf oder mit falschem Fokus – wir finden in der

Leitungsvorlagen-Arbeitspraxis jedenfalls kaum gute Beispiele für einen wirklich guten Einsatz von Bildern.

Das ist schade. Wir erschließen uns eigentlich gern Informationen aus Tabellen oder Diagrammen, verstehen Sachverhalte oft besser durch Infografiken – und wir lieben es, wenn wir Sachen auch konkret sehen, von denen wir sonst gar keine Vorstellung hätten. Deshalb plädieren wir einerseits für eine größere Offenheit gegenüber visuellen Elementen in Leitungsvorlagen. Und appellieren andererseits an alle, die es mit bildlichen Elementen in Leitungsvorlagen versuchen wollen: Wenn die verfügbaren Bilder nicht zur sonstigen Darstellung passen, dann verzichten Sie lieber darauf.

Stil und Schreibweisen 5

Das primäre Ziel von Vorlagen ist ein möglichst effizienter Transport von Informationen. Die Informationen müssen zielgerichtet ausgewählt und sachlich korrekt dargestellt werden. Sie müssen aber auch so aufbereitet werden, dass sie schnell und einfach verständlich sind. Dazu haben wir vor allem zwei Hebel in der Hand, nämlich die Wahl unserer Wörter und den Satzbau. Hauptsächlich mit diesen beiden Dingen beschäftigen wir uns in diesem Kapitel.

Wortwahl und Satzbau prägen auch maßgeblich den Stil unserer Vorlagen. Wenn man nur extrem kurze Sätze aneinanderreiht, klingen die Texte nach Kindersprache oder Leichter Sprache, jedenfalls unangemessen für Vorlagen. Baut man ellenlange Bandwurmsätze, klingt das nach Behörde von gestern und ist schlecht zu verstehen – auch das ist unangemessen. Ähnlich bei der Wortwahl: Wenn wir zu umständliche Wörter wählen („prosperierend"), verlassen wir die richtige Stilhöhe und riskieren Missverständnisse. Wenn wir zu poetische Wörter wählen („aufblühend"), dann passen diese nicht mehr zum Stil von Vorlagen. Wir müssen also über jedes Wort einzeln entscheiden, um den richtigen Ton zu treffen.

5.1 Wortwahl

Die einfachste und wichtigste Regel bei der Wortwahl lässt sich in einem Wort zusammenfassen: Geläufigkeit. Wenn alle Wörter meines Textes der Zielgruppe geläufig sind, ist das schon mal eine hervorragende Basis. Was hindert uns dann daran, unsere Vorlagen nur aus bekannten Wörtern aufzubauen? Es ist die Tatsache, dass neue Informationen auch neue Wörter mit sich bringen. Plus die Tatsache, dass jeder Fachbereich über einen Haufen von Fachwörtern verfügt, die

S. Brunn und K. Liffers, *Die Leitungsvorlage,* essentials, https://doi.org/10.1007/978-3-658-50512-7_5

31

außerhalb des Fachbereichs nicht geläufig sind. Hier müssen wir uns immer zwischen Verzicht, Übersetzungen und Erläuterungen entscheiden.

Keine gute Alternative ist es, darauf zu hoffen, dass unser Publikum jedes unbekannte Wort nachschlägt. Der berühmt-berüchtigte Journalist Wolf Schneider (1994, S. 9) hat dazu launig notiert: „Einer muss sich immer plagen: der Leser oder der Schreiber." Und natürlich ist es besser, der Schreiber quält sich.

Im Folgenden gehen wir die wichtigsten Baustellen der Wortwahl durch:

Abkürzungen

Abkürzungen sind ein großes Problem in vielen Vorlagen. Ohne sie wird der Text lang und mühsam. Zu viele (unbekannte) Abkürzungen oder ein falscher Umgang mit ihnen sind aber noch schlimmer. Die wichtigste Regel für Abkürzungen lautet: Voraussetzen dürfen wir nur ganz wenige. ARD und ZDF sicher, natürlich auch SPD und CDU und TÜV und ADAC, dazu NATO und UNO und vielleicht 50 mehr. Höchstens. Je nach Zielgruppe müssen Sie die anderen Abkürzungen bei der ersten Erwähnung mit einer Klammer einführen, bevor Sie sie im Folgenden verwenden können: Bundesverband Informationswirtschaft, Telekommunikation und neue Medien (BITKOM). Im Übrigen gilt: Im Zweifel ausschreiben! Besser hundertmal Millionen schreiben statt einmal irrtümlich Mill.

Bandwurmwörter

Zusammengesetzte Wörter sind eine unschöne Erscheinungsform im Deutschen, gegen die es vor 200 Jahren sogar einmal eine Widerstandsbewegung gab. Durchgesetzt hat sie sich leider nicht. Deshalb heißt es in Vorlagen eher „Facharbeiterecklohn" als „Ecklohn für Facharbeiter", wie es in anderen Sprachen hieße. Wir raten aber dazu, die Wörter auch in Vorlagen kurz zu halten, wo immer es geht. Nicht auftrennen sollte man einmal etablierte Begriffe, auch wenn sie unangenehm lang sind. Schreiben Sie also nicht „Beauftragte für Gleichstellung", wenn die Stelle offiziell als „Gleichstellungsbeauftragte" firmiert.

Fachwörter

Spezifische Wörter eines Fachgebiets lassen sich in Vorlagen nicht immer vermeiden. Wenn wir nicht darauf verzichten können, müssen wir sie aber übersetzen oder erläutern. Idealerweise tun wir das nicht mit dem Vorschlaghammer: „Der Begriff ‚Dürreresilienz' bedeutet ‚Widerstandsfähigkeit'." Sondern wir ergänzen diese Information elegant davor oder danach. Davor: „Wir zielen auf eine größere Widerstandsfähigkeit der Pflanzen gegen Dürre ab. Diese Dürreresilienz erreichen wir durch …" Danach: „Wir sorgen für eine größere Dürreresilienz der

Pflanzen. Diese Widerstandsfähigkeit der Pflanzen gegen Dürre erreichen wir durch …"

Fremdwörter

Importierte Wörter sind nicht, wie manche meinen, per se etwas Schlechtes. Das Deutsche profitiert sehr davon, dass es immer wieder ergänzt wird von solchen Importen: Sie bereichern unsere Sprache und unser Denken! Aus welcher Sprache ein Wort kommt, ist zweitrangig. Entscheidend ist, siehe oben, die Geläufigkeit. Zum Beispiel kommt „Tachometer" aus dem Griechischen, aber es ist in Vorlagen gegenüber „Fahrtgeschwindigkeitsmesser" das bessere Wort: kürzer und geläufiger. Allerdings: Die Wahl eines Fremdworts ist nicht zielführend, wenn es einfache deutsche Wörter für die gleiche Sache gibt – wir erhöhen sonst einfach das Risiko, missverstanden zu werden. Die Strategie, einfache Gedanken hinter Fremdwörtern zu verstecken oder die Ideen damit schlauer aussehen lassen zu können, klappt selten.

Abstrakte Oberbegriffe

Zusammenfassende Begriffe machen Texte weniger konkret und damit auch weniger angreifbar. Deshalb werden sie in Vorlagen gern gewählt: Man legt sich nicht so fest. Aber klar ist auch, dass konkretere Wörter einfacher ins Gehirn finden. Das Wort „Wartungsfazilitäten" zum Beispiel fasst systematisch alles zusammen, was auch vorhanden sein muss, wenn man Fahrzeuge oder überhaupt technische Objekte an einen Ort schafft und dort unterhalten muss. Aber solche Wörter sind einfach sehr inkonkret. Man wird es besser verstehen, wenn jemand formuliert: Wir brauchen vor Ort nicht nur die Schiffe, sondern auch eine Werft, in der sie gewartet und notfalls repariert werden können. Oder, anderes Beispiel: Eine „Querung" ist ein sehr systematischer Oberbegriff. Aber wer weiß schon, was alles darunterfällt: Brücken, Tunnel, Zebrastreifen … erst mit diesen Begriffen kann man sich sicher sein, richtig verstanden zu werden.

Substantivierungen

Hauptwortbildungen sind Stilisten seit Menschengedenken ein Dorn im Auge, und das zu Recht. Sie verbreiten den Geist des Amtlichen, aber auf eine Weise, die unsere Kommunikation erschwert. Wer „Integration vollzogen" schreibt, aber eigentlich nur sagen will, dass er irgendetwas eingeführt hat, der wird einfach schlechter verstanden. Ganz typische Negativbeispiele aus Vorlagen: „einer Prüfung unterziehen" statt „prüfen" oder „unter Beweis stellen" statt „beweisen": Das ist nicht nur länger, sondern auch ein umständlicher und unsympathischer Stil.

Synonyme

Sinnähnliche Wörter sind in der Belletristik eine wichtige Sache, in Vorlagen sind sie oft nur verwirrend. Natürlich klingt es nicht so schön, wenn in vier Sätzen hintereinander das Wort „Bibliothek" fällt. In Vorlagen sollten Sie trotzdem nicht im zweiten Satz von „Bücherei" sprechen, im dritten von „Mediathek" und im vierten von „Archiv". Sonst kommen die Leser:innen ins Grübeln: Soll mir hier ein Unterschied suggeriert werden? Ähnlich gilt das für die sogenannten „Verben des Sagens" bei Zitaten: Bitte wechseln Sie auch hier nicht zwanghaft auf andere Verben – das verführt einfach zu semantischen Unschärfen: „Erklären" ist mehr als „Sagen" und es „meint" auch nicht jeder, was er „sagt" …

5.2   Satzbau

Können die einzelnen Gedanken des Textes leicht verstanden und nachvollzogen werden? Das ist die zentrale Frage im Satzbau. Und dafür können wir einiges tun – hier die wichtigsten Tipps:

Sätze kurzhalten

Kurze Sätze sind ein recht profanes, aber immens wichtiges Kriterium. Ins Arbeitsgedächtnis des Menschen passen leider nur Sätze mit maximal 16 Wörtern (vgl. Baddeley et al. 1987). Sätze sollten also nicht länger sein, jedenfalls dann nicht, wenn die Gedanken darin nicht durch Satzzeichen sinnvoll abgegrenzt werden. Mit technischer Hilfe (Makros, Prüftools, KI) lässt sich der Fehler, zu lange Sätze zu bauen, leicht vermeiden. Idealerweise packt man in einen Satz auch immer nur einen Gedanken.

Überflüssiges streichen

Um Sätze kurz zu halten, ist eine prägnante Ausdrucksweise unerlässlich. Hier geht es darum, sich bei jedem Satz zu fragen: Welche Wörter bzw. Formulierungen kann ich problemlos kürzen, ohne den Inhalt zu verändern? Typische Feinde der Prägnanz im Ausdruck sind redundante Formulierungen („zurückkehren" statt „wieder zurückkehren"), überflüssige Adjektive: („Medienstar" statt „berühmter Medienstar"), Füllwörter („10 Mio. EUR" statt „Betrag in Höhe von 10 Mio. EUR") und Streckverben („beschließen" statt „den Beschluss fassen").

Keine Schachtelsätze

„Der Internetauftritt ist, aufgrund seines über die Jahre gewachsenen Umfangs, in der Struktur, in der Navigation und im inhaltlichen Aufbau inkonsistent." Ursache und Wirkung sind hier ohne längeres Überlegen kaum voneinander zu trennen.

Hauptsachen in Hauptsätze
Was wichtig ist, sollte nicht im Nebensatzrang stehen: „Der Präsident, der eben ermordet wurde, war seit acht Jahren im Amt."

Keine unnötigen Komplikationen
Eingeschränkte Verneinungen („selten"), doppelte Verneinungen („nicht unfertig"), eingeschränkte doppelte Verneinungen („nicht selten"), unnötige Konjunktive etc. löst man am besten auf.

Keine Partizipialkonstrukte
Partizipien sind beliebt, um Platz zu sparen, indem man sich einen Satz spart und ein Partizip zwischen Artikel und Hauptwort schiebt. Komprimieren ist aber die falsche Strategie, denn das Publikum muss das Komprimat mühsam erst wieder entpacken. „Die dauerhaft in den Unterhalt der Anlagen investierten Sach- und Personalkosten belasten den Etat sehr."

Weite Satzklammern
Was im Satz zusammenhängt, darf nie um mehr als ein Dutzend Silben auseinandergerissen werden, zum Beispiel Subjekt und Prädikat. Unser Gehirn erkennt sie sonst nur mühsam als zusammengehörig: „Es muss nach sorgfältiger Prüfung aller relevanten Umstände und unter Berücksichtigung der geltenden Rechtsvorschriften sowie der Entscheidungspraxis in vergleichbaren Fällen entschieden werden."

Passiv vermeiden
Im Regelfall ist Passiv schlechter als Aktiv, weil die handelnde Person unbekannt bleibt und der Satz umständlicher, länger und weniger lebendig wird. Es gibt aber durchaus Fälle, bei denen das Passiv sinnvoll ist. Man kann so Leiden besser ausdrücken, man kann überflüssige Subjekte einsparen oder einen Satzteil nach vorne ziehen, wenn man ihn betonen will. So schlecht wie sein Ruf ist das Passiv keineswegs. Man sollte es nur gekonnt einsetzen.

Übergänge zwischen Gedanken moderieren
Richtig gut ist ein Stil erst, wenn ein Gedanke logisch sauber aus dem anderen hervorgeht. In der Stilistik empfiehlt man deshalb, zwischen den einzelnen Gedanken sogenannte Konnektoren einzusetzen. Das können ganze Überleitungssätze sein: „So wie Müller geht es in Deutschland vielen Ingenieuren." Es können auch Konjunktionen am Anfang eines Folgesatzes sein, dann spricht man von „Gelenkwörtern": „Die Unternehmerin hatte es bislang nicht bestätigt. Aber sie hatte es auch nie wirklich dementiert." Gelenkwörter gibt es Dutzende, sehr

typisch sind „deshalb", „daher", „dort", „später", „dennoch", „ähnlich", „trotzdem", „außerdem". Und zu guter Letzt zählen zu den Konnektoren auch die Satzfragmente, bei denen man gar keinen richtigen Satz bildet, sondern nur den nächsten mit einem Doppelpunkt kurz anmoderiert: „Ein Beispiel: Ohser verlor sein ganzes Einkommen." In Vorlagen sind solche Fragmente (noch) ungewöhnlich. Funktional sind sie durchaus, wir finden sie gut.

5.3   Verständlichkeitsmessung per Berechnung

Die Verständlichkeit von Texten lässt sich messen. Dazu verwendet die Wissenschaft verschiedene Methoden. Unter anderem lässt man Hunderte oder Tausende von Experten unterschiedliche Texte beurteilen und leitet daraus Ergebnisse ab. Interessanterweise korrelieren die daraus gewonnenen Ergebnisse sehr stark mit Ergebnissen, die man auch mit einfachen maschinellen Berechnungen erzielt. Anders ausgedrückt: Wenn man seinen Text in eine Verständlichkeitsmessmaschine eingibt, entspricht das Ergebnis (je nach Formel) zu etwa 90 % den Expertenurteilen. Wir haben mit unserem Institut IMKIS, aufbauend auf der sehr etablierten skandinavischen Formel LIX, eine eigene Formel entwickelt, die besonders Sachtexte für Erwachsene fair bewerten soll – und sich deshalb für Vorlagen sehr gut eignet. Diese Formel kann man kostenlos im Internet unter www.textometer. de nutzen oder auch herunterladen und unkompliziert auf dem eigenen Rechner betreiben (siehe Abb. 5.1).

Natürlich kann auch unser Textometer die tatsächliche Verständlichkeit eines Textes nicht vollumfänglich abbilden. Dazu würden auch andere Faktoren gehören, zum Beispiel die Kommunikationssituation, inhaltliche Fragen, die innere Logik des Textes, seine Gestaltung und etliches mehr. Es hat sich aber eben in der Forschung herausgestellt, dass einfacher Stil (messbar in der Länge von Wörtern und Sätzen und der Anzahl der Substantive) und die Verständlichkeit von Texten in den allermeisten Fällen korrelieren.

Woher kommt die Kausalität hinter dieser Korrelation? Jemand, der sich in Worten und Sätzen klar ausdrückt, hat vermutlich auch im eigenen Kopf Klarheit über die Tatsachen gewonnen. Außerdem führt auch bei Texten eifriges Ringen zum Gelingen. Wer an seinen Texten an Satzbau und Wortwahl gearbeitet hat, hat wohl auch insgesamt mehr Arbeit investiert. Das wäre dann auch unser Rat an alle, die Vorlagen schreiben: Wenn Sie sich Mühe machen, die Inhalte einfach auszudrücken und sich dabei (automatisch) bewerten lassen, werden Sie am Ende auch die insgesamt besseren Vorlagen schreiben als andere, die sich diese Mühe nicht machen.

Abb. 5.1 Verständlichkeitsmessung eines Beispieltextes (IMKIS)

5.4 Schreibweisen

In den meisten größeren Organisationen werden die Schreibweisen für Vorlagen schriftlich in mehr oder weniger verpflichtenden Hausregelungen vorgegeben. Diese Papiere regeln zum Beispiel, wie man Zahlen und Ziffern, Maß- und Mengeneinheiten schreibt, wie man mit Eigennamen umgeht und wann und wie man Titel und akademische Grade berücksichtigen sollte. In vielen dieser Fragen kann man den Vorgaben des Rats für deutsche Rechtschreibung und der DIN 5008 folgen oder den Empfehlungen des Duden. Wichtige Hinweise für protokollarische Dinge findet man auch im Inlandsprotokoll des Bundesinnenministeriums unter www.protokoll-inland.de. Wer zum Beispiel wissen will, wann es ganz korrekt „Frau Gräfin von Hinckelstein" heißen muss und wann es auch nur „Gräfin von Hinckelstein" heißen darf, wird hier fündig.

Was Sie aus diesem *essential* mitnehmen können

- Sie wissen nun, welche Fragen bei der Auftragsklärung von Leitungsvorlagen beantwortet sein müssen, damit Sie die erwünschten Dokumente bestmöglich erstellen können.
- Sie haben erfahren, welche Inhalte Sie zur Vorbereitung von Entscheidungen recherchieren müssen. Sie wissen, was Recherche in die Tiefe und was Recherche in die Breite bedeutet. Sie haben erfahren, welche Aspekte nie fehlen dürfen (Kontext, Relevanz, Status, Quellen) und wie Sie eine größtmögliche Prägnanz erreichen.
- Sie kennen die Unterschiede zwischen Gutachten- und Urteilsstil, wissen die drei Reflexionsdimensionen richtig einzuordnen und haben gelernt, was bei Anlagen, Zeichnungen und Mitzeichnungen zu beachten ist.
- Sie sind in der Lage, die wichtigsten Grundgesetze der Gestaltung auf Vorlagen anzuwenden und haben darüber hinaus die Regeln für alle Hervorhebungsarten in Texten kennengelernt. Außerdem sind Ihnen nun auch Einzelheiten der Gestaltung von Überschriften, Absätzen, Auflistungen und Einrückungen geläufig.
- Sie kennen die wichtigsten Faktoren für einen sachlich-verständlichen Stil und wissen, wie Sie Leitungsvorlagen durch kluge Wortwahl und einfachen Satzbau vorteilhaft formulieren können.

Literatur

Baddeley, Alan; Vallar, Giuseppe; Wilson, Barbara (1987). Sentence comprehension and phonological memory: Some neuropsychological evidence. In Max Coltheart (Hrsg.), *Attention and performance 12: The psychology of reading* (S. 509–529). Lawrence Erlbaum Associates.

Blank, Christoph (2022). *Das Kommunikationskonzept. Einführung in die Entwicklung von Kommunikationskonzepten – in zehn Schritten zum Erfolg.* Springer.

Borton, Terry (1970). *Reach Touch and Teach: Student Concerns and Process Education.* McGraw-Hill.

Butler, Jill u. a. (2004). *Design: Die 100 Prinzipien für erfolgreiche Gestaltung.* Stiebner.

Deutscher Blinden- und Sehbehindertenverband e. V. (2019). *Leserlich – Schritte zu einem inklusiven Kommunikationsdesign.* Online verfügbar unter www.dbsv.org/broschueren.html. Zugegriffen: 01.08.2025.

Gleißner, Werner u. a. (2021). *Entscheidungsvorlagen für die Unternehmensführung: Leitfaden für die Vorbereitung unternehmerischer Entscheidungen.* Haufe.

Jocham, Georg (2019). *Schneller Entscheidungen bekommen. Die besten Strategien und effektivsten Methoden.* Redline.

Jungblut, Gwendolin; Stiel, Arnd (2020). *Die perfekte Verwaltungsvorlage.* KSV-Medien.

Kahneman, Daniel (2012). *Schnelles Denken, langsames Denken.* Siedler.

Klug, Sonja Ulrike (2010). *Konzepte ausarbeiten – schnell und effektiv: Tools und Techniken für Pläne, Berichte und Projekte.* BusinessVillage.

Langer, Inghard; Schulz von Thun, Friedemann; Tausch, Reinhard (2019). *Sich verständlich ausdrücken.* Reinhardt.

Liebig, Martin (2009). *Die gefühlte Lesbarkeit.* Online verfügbar unter www.designtagebuch.de/wiki/die-gefuehlte-lesbarkeit. Zugegriffen: 01.08.2025.

Meindel, Claudia (2018). *Executive Summary – überzeugende Entscheidungsvorlagen für das Management.* C.H. Beck.

Meinecke, Andreas (2013). *Acta Borussica: Neue Folge, 2. Reihe: Preußen als Kulturstaat, Abteilung II: Der preußische Kulturstaat in der politischen und sozialen Wirklichkeit. Band 4: Geschichte der preußischen Denkmalpflege 1815 bis 1860.* Akademie Verlag.

Oppenheimer, Daniel M. (2005). Consequences of Erudite Vernacular Utilized Irrespective of Necessity: Problems with Using Long Words Needlessly. *Applied Cognitive Psycho-*

S. Brunn und K. Liffers, *Die Leitungsvorlage,* essentials,
https://doi.org/10.1007/978-3-658-50512-7

logy 29(2), 139–156. Online verfügbar unter: https://cahill.people.unm.edu/480-21/Oppenheimer-2006-Applied_Cognitive_Psychology.pdf. Zugegriffen: 01.08.2025.

Schneider, Wolf (1994). *Der vierstöckige Hausbesitzer: Plauderstunde Deutsch mit 33 Fragezeichen.* Verlag Neue Zürcher Zeitung.

Schramm, Stefanie; Wüstenhagen, Claudia (2017). *Das Alphabet des Denkens. Wie Sprache unsere Gedanken und Gefühle prägt.* Rowohlt.

Vanden Bergh, Wiete (2020). *Validation of readability formulae for german texts. An empirical validation of thirty-nine readability formulae for german texts.* Bachelor Thesis, Institut für Experimentelle Psychologie, Heinrich-Heine-Universität, Düsseldorf.

MIX
Papier aus verantwortungsvollen Quellen
Paper from responsible sources
FSC® C105338

If you have any concerns about our products,
you can contact us on
ProductSafety@springernature.com

In case Publisher is established outside the EU,
the EU authorized representative is:
Springer Nature Customer Service Center GmbH
Europaplatz 3, 69115 Heidelberg, Germany

Printed by Libri Plureos GmbH
in Hamburg, Germany